†

NOTICE NÉCROLOGIQUE

SUR M. L'ABBÉ

CLAUDE PERDRIAT

CHANOINE HONORAIRE,

CURÉ-DOYEN DE VARZY.

NEVERS,

IMPRIMERIE FAY. — G. VALLIÈRE, SUCCESSEUR,

Place de la Halle et rue du Rempart.

—

1888.

$$\dagger$$

NOTICE NÉCROLOGIQUE

SUR

M. L'ABBÉ CLAUDE PERDRIAT

CHANOINE HONORAIRE,

CURÉ - DOYEN DE VARZY.

***

M. l'abbé Claude Perdriat, chanoine honoraire, curé-doyen de Varzy, et ancien professeur de rhétorique, a succombé le 19 janvier 1888, dans sa soixante-quatrième année, à la cruelle maladie dont il était atteint depuis plusieurs mois.

Les obsèques du vénéré pasteur ont eu lieu le 23 janvier, à dix heures et demie du matin, dans l'église paroissiale de Varzy, au milieu d'un grand et touchant concours de population, où les hommes se sont montrés presque aussi nombreux que les femmes.

On y comptait près d'une cinquantaine d'ecclésiastiques : M. le Supérieur de Pignelin, le plus ancien des nombreux amis du défunt ; deux chanoines de la cathédrale, trois archiprêtres, plusieurs doyens, des curés, des professeurs du petit séminaire de Saint-Cyr et plusieurs anciens vicaires de Varzy.

Le deuil était conduit par MM. les abbés J.-B. Perdriat, curé-doyen de Saint-Pierre-le-Moûtier, son frère ; Claude Prévotat, économe du petit séminaire de Saint Cyr, son neveu; François Perdriat, chanoine honoraire, curé de Saint-Etienne de Nevers, et Claude Perdriat, curé de Garchizy, ses cousins germains, et par les autres membres de sa famille : ses sœurs, beaux-frères, neveux et nièces.

M. Charles Paignon, conseiller général ; M. Ducaroy, maire de Varzy; M. le docteur Dangerville, conseiller d'arrondissement, et M. le Directeur de l'école normale tenaient les cordons du poêle.

M. l'archiprêtre de Clamecy présidait la cérémonie.

Après la messe qu'il célébra, assisté à l'autel par deux prêtres, anciens vicaires de M. l'abbé Perdriat, il est monté en chaire.

Dans une allocution religieusement écoutée par l'auditoire en deuil, M. l'abbé Febvre a retracé la vie du pasteur défunt et a tiré de ses dernières souffrances la matière d'une touchante et grave leçon pour la paroisse.

Ce panégyrique d'un ancien professeur et d'un curé modèle dont la vie avait été doublement utile et précieuse au diocèse de Nevers, a dû forcément être abrégé, à cause de l'heure avancée où se faisait la cérémonie.

Qu'il nous soit permis de l'interpréter et de l'étendre.

*
* *

C'est à Anthien, paroisse absolument chrétienne — à cause de cela, fertile en vocations ecclésiastiques et religieuses — et dans une famille patriarcale dont le nom est porté par une élite de prêtres, que naquit, en 1823, M. l'abbé Claude Perdriat.

Aîné de douze frères et sœurs, le jeune Claude manifesta dès sa plus tendre jeunesse les dispositions les plus heureuses pour la piété et l'étude.

Après avoir reçu à l'école de sa paroisse un solide enseignement primaire, il entra au petit séminaire de Corbigny, distant d'une lieue et demie à peine de son village, et vers lequel s'étaient tournés bien des fois déjà les yeux de son corps et de son cœur.

Là le pieux et intelligent enfant ne tarda pas à conquérir, dès ses premières classes, et à conserver, jusqu'à la fin de ses humanités, un rang d'honneur dont la primauté ne lui fut disputée que par celui qui n'a cessé d'être le plus fidèle et le plus dévoué de ses amis : M. Albéric Benoist, son condisciple d'alors et son collègue futur au professorat; aujourd'hui le vénéré et bien-aimé supérieur du petit séminaire de Pignelin.

Aux succès moissonnés chaque année par un travail heureux dans le champ des lettres humaines, le bon et candide enfant eut à cœur d'en joindre d'autres plus enviables encore, cueillis ceux-là dans le jardin du ciel : une piété solide et une exquise pureté de vie.

De bonne heure membre et bientôt préfet de la congrégation de la Sainte-Vierge, le naïf écolier, aimait à confier à Marie la joie de son bonheur présent et les saintes espérances de son avenir.

Sous l'aile de cette tendre mère, comme bien d'autres jeunes gens dont elle a protégé l'adolescence, il passa sans péril les jours de ses humanités dans cette chère maison de Corbigny dont le souvenir aimé revient aux survivants de cet âge comme un rayon de printemps égaré sous un ciel d'automne.

Avec quelles délices la vision de ces bons et beaux jours se présenterait plus tard à l'âme émue du professeur, quand il ferait chanter aux enfants de Pignelin le doux et harmonieux cantique qu'il accompagnerait si bien :

> Heureux qui, dès son enfance,
> Soumis aux lois du Seigneur,
> N'a pas, avec l'innocence,
> Perdu la paix de son cœur !

A la rentrée qui suivit la fin de son année de rhétorique, il touchait du pied, en compagnie de son cher Albéric, le seuil béni et longtemps convoité du grand séminaire de Nevers. Il y avait à peine terminé le cours de ses études théologiques que ses supérieurs, devinant les rares services que le lauréat de Corbigny rendrait à l'enseignement du petit séminaire, l'offrirent à M. l'abbé Sergent, qui l'avait déjà plus d'une fois réclamé.

En effet, tout un ensemble de qualités de choix prédisposaient le jeune clerc à la belle et haute mission d'éducateur de la jeunesse chrétienne : une intelligence aisée et prompte ; un goût raffiné et sûr ; une imagination candide, ouverte sur les purs horizons de la littérature et des arts ; un cœur bon, tendre, généreux, aimant, tout plein d'un naïf enthousiasme ; une âme vierge, enflammée d'inspirations saintes. Que si vous joignez à cela cet attrait de physionomie, ce grand et bel air qui éveille la sympathie de l'enfant et provoque aussi son respect, vous pourrez vous faire une idée assez juste de ce qu'était l'abbé Perdriat quand la voix de Dieu le ramena au petit séminaire.

Dans ce retour à la maison de famille, son ami Albéric l'accompagnait encore. Ce fut là, sous la haute direction du futur évêque de Quimper, que se formèrent, dans les premiers labeurs du professorat, ces deux hommes dont l'action devait être si bienfaisante à la jeunesse, soit cléricale, soit simplement chrétienne, qui aurait le bonheur de trouver en eux des maîtres de savoir et de piété.

Ordonné prêtre au milieu de l'année scolaire 1848-49, M. l'abbé Perdriat dut, pour attendre la rentrée suivante, aller passer quelques mois à Clamecy en qualité de vicaire.

Mais déjà un événement qui serait considérable dans l'histoire du petit séminaire se préparait et était même sur le point de s'effectuer : M. l'abbé Fliche avait depuis peu succédé à M. l'abbé Sergent, et Mgr Dufêtre, pour des raisons majeures et qu'il n'entre point dans notre plan de raconter, faisait bâtir à la porte de Nevers, sur le coteau de Pignelin, à l'emplacement même de la villa de son grand séminaire, un vaste bâtiment où, à la rentrée de 1850, il installa, sous la direction de M. l'abbé Cortet, le matériel et le personnel de la maison abandonnée de Corbigny.

*
* *

Le nouveau supérieur, autour duquel était venue, dès le premier jour, se grouper une pléiade de professeurs de choix,

— heureux et dociles satellites de ce bon et vivifiant soleil, — offrit la classe de troisième à l'abbé Perdriat. De cette chaire qu'il occupa plusieurs années, notre ami passa successivement dans celles de seconde et de rhétorique.

Cette période qui s'écoula de 1850 à 1863 marque assurément la plus heureuse phase de la vie du jeune professeur d'humanités. Il avait été du reste merveilleusement préparé à ce bel enseignement, pendant les trois dernières années de son petit séminaire, par des maîtres dont il aimait à rappeler le touchant souvenir et la haute autorité : c'était d'abord le bon M. l'abbé Michaut, avec sa méthode toujours précise et toujours sûre, sous lequel il avait fait sa troisième ; c'était ensuite M. l'abbé Jaupois, l'helléniste épris d'Homère et de saint Jean Chrysostome, — intelligence sereine, cœur plein de poésie et de tendresse, âme ailée et mystique, — son professeur de seconde ; c'était enfin le grave M. l'abbé Cliquet, l'éloquent rhéteur dont l'habileté à expliquer la Milonienne est restée longtemps légendaire.

On conçoit qu'à se faire un devoir sacré de se façonner à ces types et d'en réaliser en lui la perfection, M. l'abbé Perdriat se soit vite acquis la réputation d'un professeur émérite, et qu'il ait formé, tant à Pignelin qu'à Saint-Cyr, des élèves dont plusieurs sont devenus pour ces deux maisons un appui et une ressource inappréciables.

Mais, si de faire la classe, et de la faire supérieurement, c'est un idéal qui peut suffire à l'horizon d'un professeur laïque (il est d'ailleurs très-beau cet idéal, et ce n'est point nous qui chercherons à en obscurcir l'éclat), disons que le professeur prêtre porte plus haut ses ambitions.

A Pignelin, comme dans tous les petits séminaires, comme dans tous les collèges ecclésiastiques, l'homme d'enseignement aspire à être aussi, et plus encore, un homme d'éducation. Or, l'éducation c'est un soin multiple : le dévouement le fait sans bornes.

Dans ces maisons où le personnel n'est que juste suffisant, c'est à tous qu'incombe, dans la mesure hiérarchique et l'una-

nimité de l'obéissance, le souci de la formation des âmes. A cette œuvre si éminente, nul professeur, en qui la sainte Eglise a infusé le sacerdoce, ne peut ni ne veut se soustraire. Le sacrifice de ses loisirs, de ses goûts, de sa santé même, accepté pour le succès du but commun : voilà l'offrande qu'après l'oblation de l'autel il fait chaque matin à Dieu, d'un cœur tout grand ouvert, avec une énergie que rien n'arrête et un désintéressement qui ne connaît aucun calcul :

C'est après des classes aussi consciencieusement préparées que faites , le labeur de la surveillance, l'assiduité aux récréations, le zèle à intéresser le plaisir autant qu'on l'a fait du travail. A l'accomplissement de ce devoir, où le dévouement est tout, chacun apporte avec bonheur son contingent spécial de zèle, d'industrie, d'amabilité et aussi de talent.

M. l'abbé Perdriat ne fit point défaut à cette tâche surérogatoire. Outre qu'il savait, son tour venu, tenir fermement la discipline et animer les jeux, il s'ingéniait d'une année à l'autre à donner aux fêtes ce charme que l'enfant aime tant à y trouver.

Musicien par nature, et rendu bientôt habile en cet art par les leçons qu'il avait reçues à Corbigny, tant de l'éminent M. l'abbé Laborde que d'un autre Maître, son condisciple et son ami — M. Louis Girard , actuellement inspecteur de l'enseignement musical des écoles de Paris et auteur du beau *Stabat* que notre maîtrise exécute chaque année à la cathédrale — M. l'abbé Perdriat eut à cœur de faire bénéficier de son agréable talent ceux de ses élèves qui lui témoigneraient le désir et les dispositions d'en profiter.

Dans les instants de liberté que laissaient au professeur le travail assidu de la classe et l'accomplissement de ses pieux exercices, l'aimable virtuose se mit à former des chœurs et à organiser la fanfare.

*
* *

C'est avec une émotion et un plaisir indicibles que nous nous plaisons à rappeler ici la somme de vitalité chrétienne et joyeuse que le dévouement de notre bénévole artiste versa dans cette chère maison de Pignelin, tout le temps qu'y régna M. Cortet.

Qui, des trop heureux élèves de cette époque bénie, ne se souvient des belles messes en musique exécutées aux grands jours de fête, dans la radieuse chapelle ; des cantiques chantés chaque soir aux réunions du mois de Marie; de ces pittoresques processions de la Fête de Dieu, se déroulant à travers les méandres du verdoyant bosquet par des chemins semés de fleurs, aux accords d'instruments qui coupaient tout-à-coup les hymnes et faisaient chanter les échos ? Et ces splendides saluts où la musique montait aussi haut que l'encens sous les voûtes harmonieuses que l'éloquence du futur évêque de Troyes venait d'ébranler ! qui d'entre eux n'en a conservé la mémoire ? O chapelle inoubliable de Pignelin ! que d'harmonies, de paroles et de chants suspendus à tes murs sont tombés, hélas ! avec eux ! Que Dieu veuille les relever bientôt, ces murs !

Mais à rehausser par la musique l'éclat des solennités religieuses ne se bornait pas le dévouement de notre ami. Aussi bien une maison d'éducation est-elle, et au premier chef, une famille dont les membres ont aussi, à certains jours, des fêtes plus intimes à célébrer ; des fêtes au sein desquelles la note joyeuse a le droit, comme le besoin, de dominer et de se donner carrière. Eh bien ! cette note si chère à l'écolier, c'était encore M. l'abbé Perdriat qui, à Pignelin, en donnait le prélude et en déroulait le thème :

Au jour, longtemps appelé par les vœux de tous, où la famille en liesse fêtait son bien-aimé père, une nouvelle, tout-à-coup, se répandait : on venait d'annoncer, pour la soirée, l'incomparable plaisir d'une séance théâtrale ou d'un concert, préparés à grands frais par l'infatigable ordonnateur des fêtes.

D'autres fois, ce n'était plus seulement, comme aux promenades ordinaires, d'une excursion à pousser à travers bois ou jusqu'aux rives entrevues de la Loire, mais d'un voyage par les voies ferrées à La Charité par exemple, voire jusqu'à Bourges, qu'il s'agissait sérieusement d'entreprendre. Mais, pour aller jusqu'au train et pour en revenir, fallait-il encore fournir une course à pied assez longue! Eh bien ! tandis que l'éminent supérieur, comme un chef d'armée, dirigeait la colonne, le maître de musique commandait la fanfare et marquait le pas aux marcheurs.

Ces résultats immédiats de splendeur, d'entrain et de solennité, ainsi donnés par les voix et la fanfare aux fêtes religieuses, familiales et scolaires de Pignelin (peut-on omettre ici les belles distributions en plein air, où l'orchestre jetait l'aubade aux vainqueurs?) ne furent pas les seuls qu'il convienne ici de signaler.

Outre les services appréciés qu'en des circonstances non oubliées ils rendirent à la ville épiscopale, en ces belles manifestations religieuses qui signalèrent l'épiscopat fécond de Mgr Dufêtre, — par exemple, l'inauguration des églises de la Visitation et de Saint-Gildard, et ces splendides processions dont Nevers a gardé le souvenir, — nous devons en signaler d'autres dont le temps, ce lent mais sûr révélateur, s'est chargé de démontrer l'utilité plus durable et l'importance aussi plus haute.

Tous ces enfants, dont un si grand nombre sont devenus des prêtres aussi zélés que distingués, voire de saints religieux et d'intrépides missionnaires, initiés ainsi à Pignelin par M. l'abbé Perdriat aux éléments d'abord, puis à une sérieuse connaissance de l'art dont il se faisait le gracieux vulgarisateur, puisèrent dans ses leçons un goût qui se développa et s'étendit.

De cette époque de douce souvenance, datent incontestablement la restauration et l'intelligence du chant religieux dans notre diocèse ; et si la maîtrise de la cathédrale jouit d'une célébrité que la France lui envie, les deux éminents artistes qui la lui ont acquise, aiment à faire remonter l'origine de cette excellence à celui qui fut à Pignelin leur premier maître : MM. les abbés J.-B. et Auguste Perreau ont voué à M. l'abbé Perdriat une reconnaissance et une affection qui les honorent, autant que leurs succès.

Ce sera donc n'étonner personne de dire qu'un maître qui savait se donner à ce point était chéri de ses élèves. Mais, ne manquons pas de le confesser, ce sentiment si bien mérité

qu'inspiraient le professeur et l'artiste n'allait pas sans être
accompagné d'un autre, non moins légitime aussi : le respect,
et (pourquoi ne pas dire le vrai mot ?) cette crainte que l'Ecriture
a si justement appelée le commencement de la sagesse.

Si ce grand *Germain* — c'est ainsi que les plus malicieux des
humanistes (cet âge aussi est sans pitié !) appelaient leur
professeur — avait la haute stature, les cheveux blonds, les
yeux azurés et la belle mine de ces géants du Nord dont Tacite
nous a fait le portrait, il en avait aussi l'humeur prompte,
l'allure décidée, la parole brève et le geste aussi (le geste *primo
primus*, assurément), mais enfin le geste qui obéit, et sans
retard, à l'impression. Si d'un côté le heurt parfois était rude,
non moins sentie était, de l'autre, la commotion qu'il produisait.
Mais comme cette brusquerie involontaire, que le patient avait
plus vite oubliée que l'agent, allait être admirablement expiée !
Dès qu'il le pouvait — et c'était souvent avant la fin du jour —
l'offenseur se mettait en quête de l'offensé. Le maître demandait
pardon à l'élève, l'homme s'humiliait devant l'enfant. Ces
excuses pour une parole vive, un procédé irréfléchi, renouvelées
depuis, dans l'occasion, à des vicaires qui avaient été ses
élèves, aux personnes de son service, les ont profondément
touchés et édifiés. Est-il, en effet, rien de plus beau, de plus
méritoire aussi, qu'une faute ainsi noblement réparée ?

*
* *

Cette vie laborieuse et douce, dont nous n'avons tracé qu'un
sommaire, dura, pour M. l'abbé Perdriat, jusqu'à l'année 1863.
A cette époque, Mgr Forcade ayant appelé M. l'abbé Gonin à
la direction du petit séminaire, le professeur de rhétorique fut
nommé curé-doyen de Lucenay-les-Aix. Il y passa quatre ans,
espace bien court, mais trop long encore au gré de l'ancien hôte
de Pignelin.

On ne s'arrache pas, en effet, impunément à une existence
dont on a fait l'unique horizon de ses vœux ; à une chaire aimée

où, en toute liberté d'esprit et de cœur, on a pu faire goûter à des élèves intelligents, en même temps que les inspirations d'en haut, les plus beaux chefs-d'œuvre du génie humain ; à un supérieur avec lequel on n'a cessé d'être unanime dans l'obéissance et dans l'amour ; à des confrères dont on partage les saintes ardeurs et l'amitié fidèle ; à une maison enfin dont le site enchanteur est à ceux qui l'habitent un coin du ciel que Dieu, dans sa bonté, a fait, pour eux, descendre sur la terre. Non ! on ne s'arrache pas impunément à toutes ces choses ; et quand, par obéissance, il faut cependant le consommer, ce sacrifice, la déchirure qu'il vous fait au cœur est vraiment inguérissable.

Ce spleen de plusieurs des anciens de Pignelin, l'abbé Perdriat le ressentit d'une façon étrange. Que de fois, à Lucenay, il se prit à soupirer dans son cœur cette élégie de l'exilé, qu'il nous avait chantée auparavant tant de fois de cette belle voix si bien mariée aux accords du clavecin :

> Ah ! rendez-moi ma patrie
> Ou laissez-moi mourir !

Le bon curé, qui ne voulait point pourtant encore mourir, mais ne réclamait au fond que sa chaire de rhétorique, eut le bonheur de la reprendre, non point à Pignelin (elle était alors trop bien occupée par un de ses plus brillants élèves, M. l'abbé Séguin, qui, lui aussi, de curé est redevenu professeur) pour qu'il songeât à la lui ôter, mais à Saint-Cyr ; à Saint-Cyr, où son vieil et cher ami d'enfance et son parent, le vénéré M. l'abbé Boussard, fondateur et supérieur du nouvel établissement, lui offrait une hospitalité toute fraternelle ; à Saint-Cyr, où se trouvaient opportunément transportées les méthodes et quelques-unes aussi des destinées de l'ancien Pignelin.

Cette reprise faite par M. Perdriat de sa carrière professorale devint pour cette chère maison la garantie de succès qui en augmentèrent l'éclat et la prospérité. Ce fut M. l'abbé Perdriat qui inaugura, à Saint-Cyr, cette belle série de réceptions au baccalauréat, laquelle s'est continuée sans interruption depuis, grâce aux talents et au zèle des titulaires qui sont montés après lui dans les chaires de rhétorique et de philosophie.

Cependant M. l'abbé Boussard ayant confié à son ami le désir qu'il formait de déposer un fardeau porté depuis si longtemps, l'abbé Perdriat, justement contristé d'une prévision qui ne pouvait manquer de s'accomplir, s'ouvrit, sans doute, de ses alarmes à Mgr Forcade. L'évêque, qui avait apprécié le dévouement du vieux professeur, ne crut mieux devoir l'en récompenser qu'en lui offrant en 1872 le doyenné de Varzy.

*
* *

Redevenu curé, M. Perdriat se donna tout entier à l'administration de la belle, intelligente et religieuse paroisse qui venait de lui échoir. Il y consacra les seize dernières années d'une existence déjà si bien remplie, mais qui pouvait se prolonger longtemps encore pour le bien de tant d'âmes.

Catéchisme des enfants; soin des écoles, tant des primaires et de la normale que du pensionnat des sœurs; service de l'hospice, visite des malades, soin des pauvres; administration des sacrements; entretien des confréries d'hommes et de femmes; établissement du tiers-ordre de Saint-François-d'Assise dont il était l'un des membres les plus dévoués : il ne négligea rien. Tout ce qui était de nature à intéresser son âme de prêtre, si prompte à s'alarmer, si docile au cri du devoir, fut l'objet de sa consciencieuse sollicitude.

Le zèle du bon pasteur eut particulièrement lieu de s'exercer pendant le cours de cette invasion variolique, qui fit, l'année dernière, tant de victimes à Varzy. Deux mois durant, de jour et de nuit, le vaillant curé tint tête à l'épidémie. Au premier appel, avant même tout appel, il était au chevet des malades : pas un qui lui ait échappé par sa faute.

Ce surcroît de fatigue, apporté à une santé déjà atteinte, a-t-il été pour quelque chose dans l'aggravation du mal dont souffrait M. Perdriat? Et faut-il faire remonter à cette épreuve, si glorieuse pour une carrière sacerdotale, le coup qui semble avoir frappé notre ami avant l'heure? Plusieurs l'ont pensé, non sans probabilités; M. l'archiprêtre de Clamecy l'a dit avec l'autorité que lui donnait son ministère, et il a emprunté à ce rapport d'effet à cause le trait le plus émouvant de son allocution. De ce passage, comme de tout l'ensemble du discours de M. l'abbé Febvre, il est ressorti que M. l'abbé Perdriat avait réalisé à Varzy ce type du bon pasteur dont la devise est de se sacrifier jusqu'à la mort pour le salut de ses brebis.

Telle est bien aussi l'opinion que la paroisse entière s'était faite de son curé. Elle en a donné la preuve dans le tribut de pieux et reconnaissant hommage qu'elle a payé à sa dépouille. Les larmes qui ont coulé de bien des yeux, soit à la nouvelle du décès, soit pendant l'office funèbre et surtout dans le trajet de l'église au cimetière, nous ont dit les regrets que le pasteur de Varzy emportait avec lui dans sa tombe.

Mais quelque vifs et profonds qu'ils aient été dans la famille paroissiale, ces regrets, ils n'ont point dépassé ceux qu'une telle perte a laissés et laissera longtemps dans les cœurs des anciens élèves et des fidèles amis de M. l'abbé Perdriat.

C'est spécialement au nom de ces derniers que nous avons eu à cœur de retracer dans ces lignes émues, mais bien incomplètes, hélas! le souvenir du maître vénéré, du bon et sympathique confrère que nous avons connu, du prêtre fidèle à Dieu, docile à ses supérieurs, et charitable à tous, qui fut droit. simple, ingénu et, comme l'avait été son divin Maître, « doux et humble de cœur », et qui aima tant (trop peut-être) ces deux belles choses : « être ignoré, et tenu pour rien aux yeux des hommes ».

Sans doute, à cet ensemble de qualités aimables et que la piété rendait plus aimables encore, se sont mêlés des défauts de nature : cette brusquerie que nous n'avons point dissimulée, une timidité qui allait parfois jusqu'à la défiance ; une crainte enfantine de se produire ; la peur d'endosser certaines responsabilités dont sa conscience lui exagérait le fardeau ; un

embarras à se décider. Que dirons-nous encore? Rien, assurément,
que nous sachions. Eh! qui donc est parfait ici-bas? Et quel
prêtre, pour immaculé qu'il ait été dans ses voies aux yeux des
hommes, se présentera sans souillure au tribunal de Dieu ?

Aussi, avant de déposer la plume, écrirons-nous encore une
ligne pour réclamer, en faveur de son âme, les prières de tous
ceux qui ont connu M. l'abbé Claude Perdriat. Les uns, s'ils
n'ont eu de commun avec notre cher mort que les simples liens
de la fraternité chrétienne, intercéderont pour lui par charité ;
les autres, ceux qui furent ou ses élèves à Pignelin et à
Saint-Cyr, ou ses paroissiens à Lucenay et à Varzy, le feront
par devoir de reconnaissance. Quant à ses amis, ils ont déjà
beaucoup prié pour lui et ils continueront de le faire bien
longtemps encore !

Nevers, imp. Fay. — G. Vallière, succr.

www.ingramcontent.com/pod-product-compliance
Lightning Source LLC
LaVergne TN
LVHW010924180726
843502LV00010B/4290